Helga G. Sander

Tür- und Wandkränze kunstvoll binden und dekorieren

W0197226

Augustus Verlag Augsburg

Vorwort

Seit geraumer Zeit gewinnen schöne alte Bräuche immer mehr Anhänger. Das Binden von Kränzen gehört ganz sicher dazu. Die runde Form, ohne Anfang, ohne Ende, ist Symbol des ewigen Lebens. Magische Kräfte wurden dem Kranz zugesprochen, wenn er aus bestimmten Ästen und Kräutern geflochten war. Liebende sollten damit zusammengehalten werden.

Möglicherweise ist der Brautkranz daraus entstanden. In bestimmten Sportarten wird auch heute noch dem Sieger der Lorbeerkranz umgehängt. Viele prächtige Gebinde schmücken dekorativ Haus- und Wohnungstüren als besonderer Willkommensgruß.
Im vorliegenden Buch werden Tür- und Wandkränze vorgestellt. Sie sollen Sie anregen und ermuntern, neben der Verwendung von herkömmlichen Materialien auch zu Ungewohntem zu greifen, Dingen den vorgegebenen Sinn zu nehmen, sie vielleicht auch nur abzuwandeln, aber dennoch dem Traditionellen genügend Platz einzuräumen. Ich hoffe aufrichtig, daß dieses Buch Sie zu eigenem kreativem Schaffen und Gestalten bringt. Die Vielfalt der gezeigten Kränze wird es Ihnen bestimmt erleichtern.

Ihre
Helga G. Sander

Inhalt

Einführung

Werkzeug und Hilfsmittel

Die wichtigsten Werkzeuge zum Kränzebinden sind Baum- und Drahtschere. Für feinere Arbeiten können Sie auch die Haushaltsschere verwenden. Scharfe Küchenmesser gehören ebenfalls zur Ausrüstung. Hilfsmittel zum Befestigen ist vor allem Bindedraht (oder Blumendraht) in verschiedenen Stärken. Bindedraht wird außerdem verwendet zum Andrahten, z. B. von Blüten, Schleifen, Tannenzapfen. Zum Binden können Sie außerdem Rollenbast verwenden, bei kleineren Kränzen auch festen Zwirn von der Spule. Zum Feststecken vor allem auf Hartschaum- und Styroporringen dienen Strohblumennadeln (U-förmig gebogene Haften), die auch als Patenthaften im Handel sind, außerdem Römerhaften mit gewellter Oberseite. Zum Abdecken des Unterbaus oder zum Umwickeln von Drahtstielen verwenden Sie Floristenband, ein kreppartiges Material, das in verschiedenen Breiten angeboten wird. Diese Hilfsmittel sind in gut geführten Bastelgeschäften zu finden, ebenso das Dekorationsmaterial für die Kränze (z. B. Trockenblumen, Urwaldmoos, Mondico-Blätter, Tiririca, Baumrinde). In der Regel sind die Kränze mit textilen Blüten und Blättern dekoriert und nur ausnahmsweise mit frischen Blumen. Textiles Material hat den Vorzug, sehr leicht zu sein und nicht zu welken. Einige Kränze bestehen aus Grundmaterial und Dekoration der Firma Rayher Hobby, Laupheim; in der Materialliste sind die Produktbezeichnungen von Rayher Hobby genannt. Das Material ist ebenfalls im Handel erhältlich.

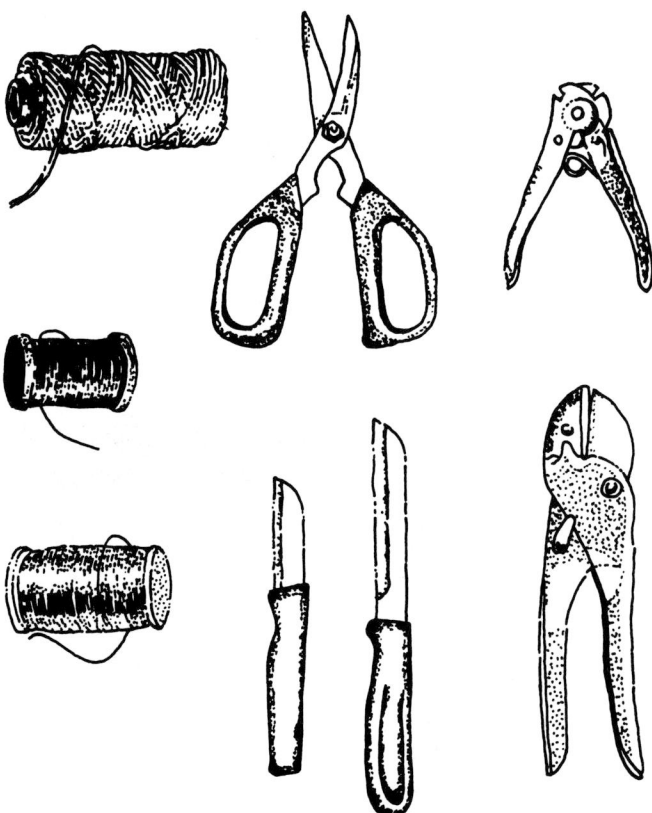

Unterbau

Die meisten Kränze haben einen Durchmesser von 20 bis 30 cm. Den Kranzunterbau können Sie selbst herstellen. Anleitungen dazu finden Sie in diesem Abschnitt. Geeignet sind aber auch die im Handel befindlichen Hartschaum- oder Styroporringe sowie fertige Kränze z. B. aus Weide, Ginster, Hafer, Stroh, Heu, Birke, Olive. Sie sind oft schon eingefärbt, so daß Sie weniger Binde- und Dekorationsmaterial benötigen.

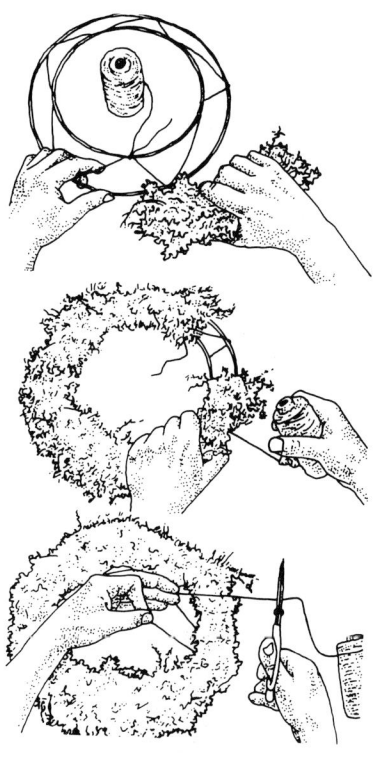

Drahtring

Die Breite eines Kranzes läßt sich variieren, wenn Sie zu einem größeren Drahtring einen etwas kleineren dazubinden. Führen Sie dazu den Bindedraht oft vom äußeren zum inneren Ring und wieder zurück, wobei Sie ihn jedesmal zwischen beiden Ringen durchstecken. Je häufiger Sie dies wiederholen, um so besser hält der Unterbau und um so weniger besteht die Gefahr, daß Bindematerial zwischen beiden Ringen durchfällt oder der innere Ring verrutscht und der Kranz dadurch ungleichmäßig breit wird.

6

Flechtkranz

Aus dünnen grünen Ästen oder aus verschiedenen Bastarten können Sie einen Flechtkranz als Unterbau herstellen. Flechten Sie aus dem Material einen Zopf und binden Sie Anfang und Ende zusammen. Ein solcher Kranz braucht nicht völlig mit Dekorationsmaterial bedeckt zu werden. Freibleibende Stellen wirken sehr dekorativ.

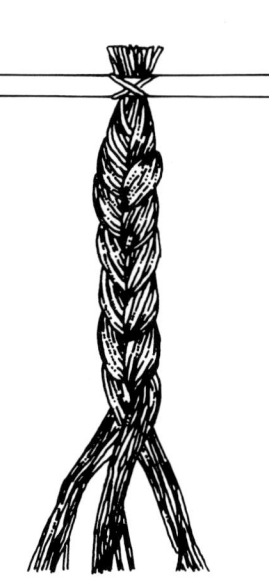

Kranz ohne Unterbau

Wenn Ihr Dekorationsmaterial lange, feste Stiele besitzt, können Sie auf einen zusätzlichen Unterbau verzichten. Binden Sie die Stiele fest mit Bindedraht aneinander.

Starker Draht

Binden Sie viele kleine Sträuße hintereinander an einem starken Draht fest. Hat das Gebinde den gewünschten Umfang erreicht, brauchen Sie nur die Drahtenden fest zusammenzudrehen. Diese Art der Kranzherstellung ist allerdings nur für Material mit kleinen Blüten geeignet.

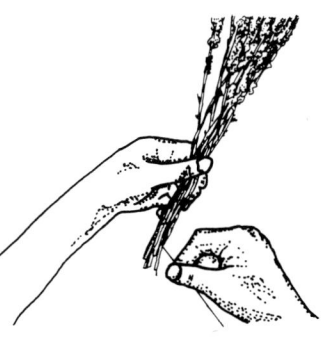

Mooskranz

Leisten Sie sich den Luxus, einen Kranz aus frischen Blumen zu binden. Als Unterbau eignet sich dazu hervorragend ein Mooskranz. Drehen Sie in ein Stück Maschendraht (kleinmaschiges Gitter) Moos, rollen das Ganze ein und binden die Enden zusammen (s. Zeichnung). Wenn Sie das Moos vorher anfeuchten, hält Ihr Frischblumenkranz erstaunlich lange.

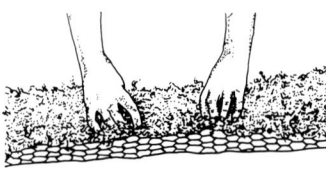

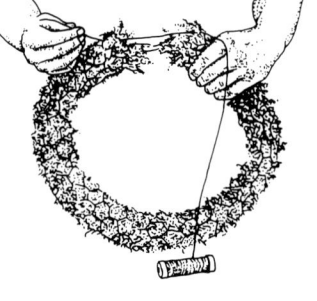

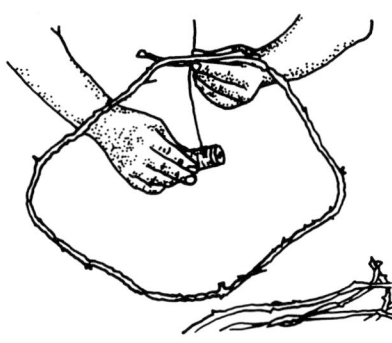

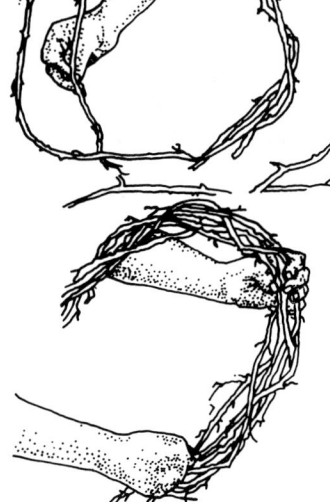

Astkranz

Ob Sie grünes oder trockenes Astwerk für den Unterbau verwenden, hängt auch von der Jahreszeit ab. Binden Sie zunächst den längsten Ast rund zusammen. Die übrigen Äste werden entweder um diese Grundform gewunden oder mit Bindedraht daran befestigt.

7

Einführung

Arbeitstechniken

Andrahten von Blüten

Sehr einfach können einzelne Blütenköpfe mit einem Stiel versehen werden. Führen Sie dazu ein Stück festeren Bindedraht durch die Blüte. Biegen Sie das obere Ende um, wie es die Abbildung zeigt. Nun ziehen Sie den Draht nach unten, so daß das umgebogene Ende ganz in der Blüte verschwindet. Um den Drahtstiel unauffälliger zu gestalten, kann man ihn mit Floristenband umwickeln.

Andrahten von Tannenzapfen

Das Andrahten von Tannen- und Kiefernzapfen ist ebenso leicht zu bewerkstelligen. Schneiden Sie sich Draht in der gewünschten Länge zurecht. Sie können sich aber auch Steckdraht kaufen, der in verschiedenen Stärken und Längen angeboten wird.

Führen Sie den Draht so, wie es die Abbildung zeigt, nahe am Stielansatz um das Innere des Zapfens herum und drehen das kurze Drahtende am langen fest. Eine Zange kann hierbei recht hilfreich sein. Auch bei einem angedrahteten Zapfen kann der Drahtstiel anschließend mit Floristenband umwickelt werden.

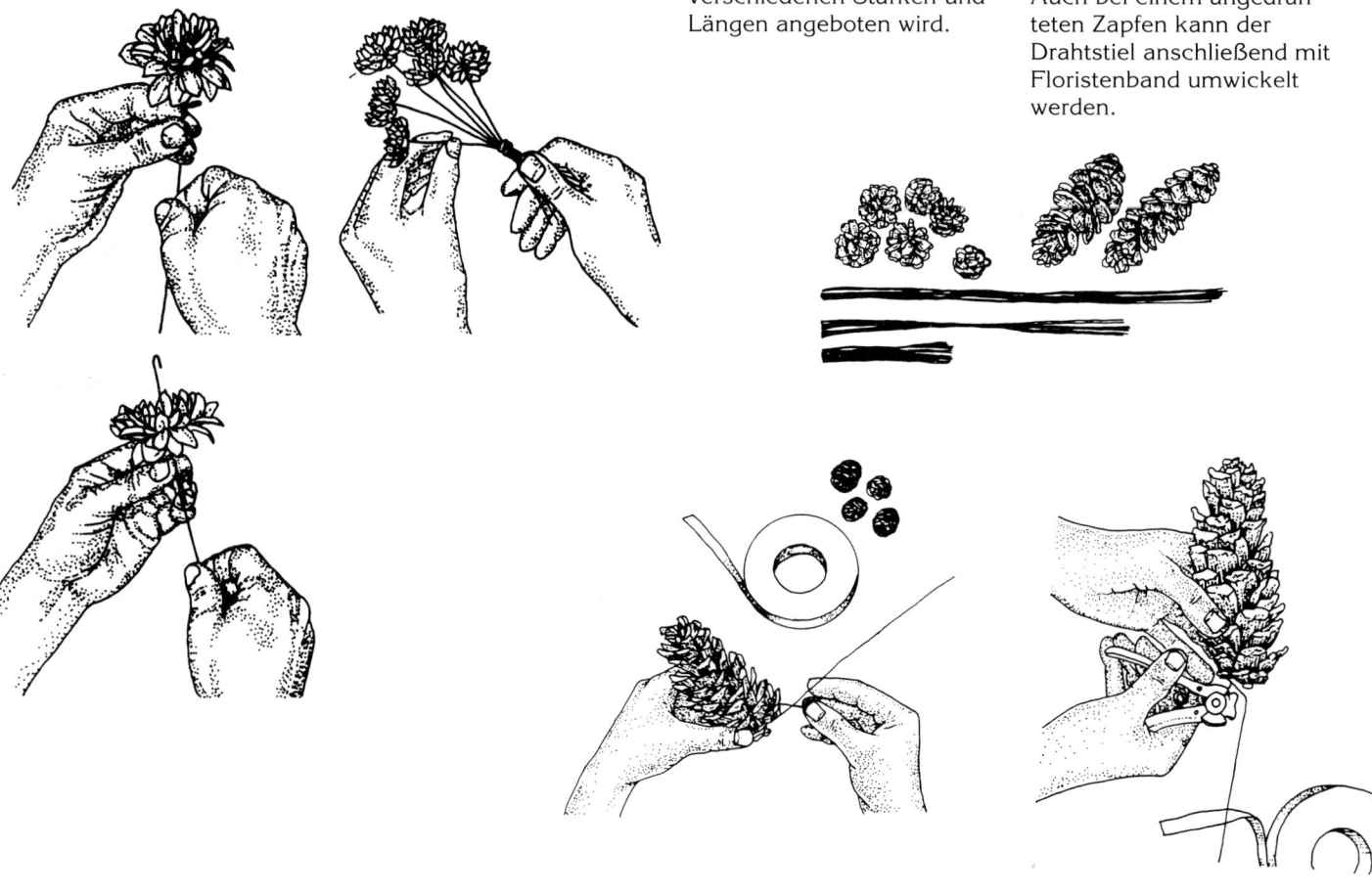

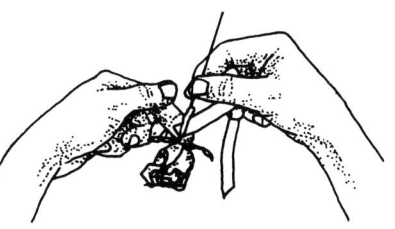

Stiele verlängern

Auf die gleiche Art lassen sich zu kurze Pflanzenstiele verlängern. Den Drahtstiel können Sie entweder schon vorher mit Floristenband umwickeln oder hinterher, wenn Sie ihn an der Pflanze befestigt haben.

Sichtbarer Aufhänger

Wenn Ihr Kranz einen sichtbaren Aufhänger erhalten soll, formen Sie eine lange Drahtschlaufe, die Sie am Kranz befestigen und anschließend umwickeln. Wählen Sie ein Material, das zu dem gebundenen Kranz paßt. Häufig eignet sich Bast dazu. Sie können den Aufhänger noch mit Zierknoten oder Flechtwerk versehen.

Zusätzlicher Aufhänger

Oft ist es erforderlich, dem Kranz einen zusätzlichen, unsichtbaren Aufhänger zu geben, z. B. wenn ein als sichtbarer Aufhänger vorgesehenes Zierband dafür nicht ausreicht. Drehen Sie ein langes Stück Draht in der Mitte so zusammen, daß eine runde Öffnung bleibt. Die freien Enden schieben Sie durch den Kranz und drehen sie so zusammen, daß die ganze Drahtöse unsichtbar bleibt.

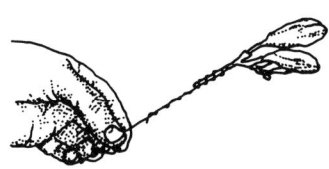

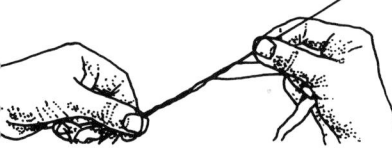

Andrahten von mehrknospigen Früchten oder Blüten

Bei mehrknospigen Früchten oder Blüten umwickeln Sie die kurzen Pflanzenstiele mehrmals mit Bindedraht, wie es die Abbildung zeigt. Wenn es das Material erlaubt, sollte der Draht einmal wie eine Schlinge zwischen den Früchten oder Blüten hindurchgeführt werden.

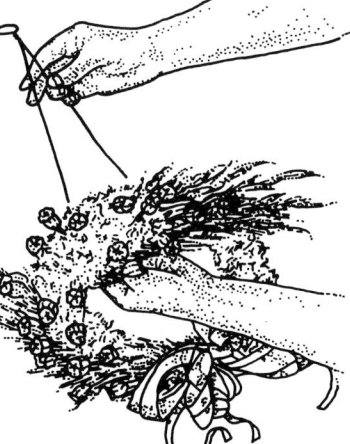

Versäubern der Kranzrückseite

Überstehende Drahtenden werden auf der Rückseite des Kranzes zusammengebogen, abstehende Stiele eingekürzt. Die Rückseite soll, auch wenn sie nicht sichtbar ist, immer sauber gearbeitet sein.

9

Ähren und Mohnkapseln

Der Bast wird zu achtfachen Schlingen gelegt, die Sie an einer Seite mit Bindedraht zusammenbinden. Fertigen Sie zwölf solcher Schlingen, die dann abwechselnd mit grünen und gelben Ähren und einer Mohnkapsel am Kranz festgebunden werden. Sie können auch vor dem eigentlichen Binden des Kranzes die Bastschlingen, Ähren und Mohnkapseln zu kleinen Sträußchen zusammenbinden. Achten Sie darauf, daß die Mohnkapseln leicht versetzt einmal nach innen, einmal nach außen befestigt werden. Der Kranz erhält dadurch eine schöne Form.

Mein Tip:

Anstelle des Bastbandes läßt sich auch ein rustikales Dekoband (z. B. Dekoband Toskana) oder einfache Jutekordel verwenden.

Material
dünner Strohkranz,
ø 35 cm
24 Mohnkapseln
Rayon-Bast matt natur
gelbe und grüne
Weizenähren
Bindedraht

10

Getrocknete Moosröschen

Wenn Sie Ihre Moosröschensträuße trocknen, haben Sie bald vorzügliches Material zur Verfügung, um mit Schleierkraut und Blattwerk einen eindrucksvollen Tür- oder Wandkranz anzufertigen. Kürzen Sie Rosen, Strohblumen, Schleierkraut und Blattwerk auf gleiche Länge und bestecken damit abwechselnd den gesamten Hartschaumring.

Gehen Sie sehr sorgfältig vor, denn alle getrockneten Materialien brechen leicht. Die kräftige Farbe des Schmuckbandes ergänzt auf ansprechende Weise.

Material
Hartschaumring
getrocknete Moosröschen
Blattwerk
Strohblumen
Schleierkraut
Seidenband

Margeritenkranz

Vorgefertigte Kränze bieten viele Möglichkeiten der Dekoration. Eine einfache, aber in der richtigen Umgebung besonders reizvolle Variante ist dieser Kranz, der mit einer Girlande frischer Margeriten umwunden ist. Dazu werden die Margeriten auf etwa 10 cm gekürzt und mit ihren Stielen locker zu einer Girlande verflochten. Die Girlande muß zwar halten, sie darf aber nicht zu fest gebunden sein, da es sonst schwierig wird, sie um den Kranz zu winden. Außerdem könnten die Stiele der Margeriten brechen, wenn sie zu fest gebunden werden. Anfang und Ende der Girlande werden auf der Rückseite des Kranzes mit Blumendraht zusammengebunden. Aus dem überstehenden Ende des Drahtes läßt sich ein verdeckter Aufhänger anfertigen.

Material
blauer Naturzweigekranz
1 Strauß frische Margeriten

Haferkranz

Kürzen Sie erst den Hafer auf eine Länge von 15 bis 20 cm ein. Dies erleichtert ganz erheblich die weitere Arbeit. Umwickeln Sie nun den Strohkranz zweimal mit Bindedraht, denn er muß fest und glatt sein. Den Hafer binden Sie zu kleinen Büscheln von vier bis sechs Halmen zusammen, legen diese dann gleichmäßig von innen nach außen an und binden jede Lage sorgfältig fest. Dies wiederholen Sie so oft, bis der Kranz genügend Fülle hat. Ziehen Sie den Draht zwischendurch immer wieder fest an, damit die glatten Haferstiele nicht herausrutschen. Sollte Ihnen diese Arbeit zu mühevoll sein, versuchen Sie es auf einfachere Art und stecken den kurzgeschnittenen Hafer rundum mit Strohblumennadeln fest. Die aufgezeigte Fülle kann so allerdings nicht erreicht werden. Die Dekoration wählen Sie nach eigenem Geschmack aus. Lassen Sie sich dazu von dem Foto anregen. Auch das Dekorationsmaterial wird mit Strohblumennadeln festgesteckt. Zum Schluß legen Sie das Band zu einer großen Schleife, die Sie andrahten und in der unteren Mitte des Kranzes befestigen.

Material

Strohkranz
Bindedraht
4 Bund Hafer
3 m blaukariertes Band
Strohblumennadeln
Dekoration nach Wahl

13

Hortensien

Dieser Kranz zeigt deutlich, daß nicht nur teure Materialien die erwarteten Dekorationseffekte bringen. Gerade im Herbst bietet die Natur eine Fülle der herrlichsten Dinge, aus denen sich prächtiger Tür- und Wandschmuck anfertigen läßt. Stecken Sie die getrockneten Hortensienblüten mit Strohblumennadeln auf dem Hartschaumring fest. Mit ein bißchen Geschick entsteht so mit wenig Aufwand an Zeit und Geld ein dekorativer Wandkranz. Vier Schlaufen für den Tuff genügen. Die offenen Enden hängen in die Kranzmitte und darüber hinaus.

Material

Hartschaumring
getrocknete
Hortensienblüten
Strohblumennadeln
3 Meter braunes
Schmuckband

Rosenefeu

Dieser hübsche Türkranz aus frischen Rosen läßt sich denkbar einfach aus langen Efeuzweigen und vielen Rosen anfertigen. Binden Sie einen langen Efeuzweig zum Kranz zusammen. Daran befestigen Sie rundum die übrigen Efeuzweige. Sortieren Sie die Rosen nach Farben und binden sie in gleichmäßiger Folge am Kranz fest. Alle Blüten und Knospen sollen gut sichtbar sein. Ob Sie noch zusätzlich Kräuselband anbringen, bleibt Ihrem Geschmack überlassen.

Material
lange Efeuzweige
frische Rosen
Bindedraht
Kräuselband

15

Efeuranken und Schleierkraut

Lange Efeuranken sind das ideale Material, einen Kranz auf herkömmliche Art anzufertigen. Legen Sie einige Ranken zu einem Kreis in der vorgesehenen Kranzgröße zurecht. Diese werden mit weiteren Ranken solange umwunden, bis die gewünschte Fülle erreicht ist. Mit einigen Zweigen Schleierkraut verwandeln Sie den einfachen Kranz in ein vornehmes Gebinde, das vielen Anlässen gerecht wird.

<u>Material</u>

**lange Efeuranken
Bindedraht
Schleierkraut**

16

In leuchtendem Gelb

Der große Umfang des Kranzes setzt eine entsprechende Menge an Dekorationsmaterial voraus. Sie beginnen mit den gelben Schafgarben und stecken zur Auflockerung immer wieder Statice dazwischen.

Das zarte, duftige Wollgras bildet dazu einen hübschen Kontrast, es bedeckt den restlichen Teil des Hartschaumringes. Sie können das Material binden oder einfach in den Ring stecken, beide Möglichkei-

ten bieten denselben Halt. Bringen Sie angedrahtete gelbe Schleifen aus Schmuckband, Hafer und die Dekorationskette zwischen Blüten an. Der mit Wollgras besteckte Teil bleibt ohne weitere Dekoration.

Material

Hartschaumring
Statice
gelbe Schafgarbe
gelbes Wollgras
gelb gefärbter Hafer
gelbes Schmuckband
Bindedraht
gelbe Dekorationskette

Natur pur

Weiße Staticen und rote Schafgarbe

Statice wurde bisher im Handel in der hier verwendeten Form als weiße Statice angeboten. Neuerdings gibt es auch andere Einfärbungen, die Sie ebenso einmal ausprobieren können. Zur Vorbereitung kürzen Sie die Statice zunächst auf etwa 10 cm ein. Die Blüten der Schafgarbe werden von den Stielen getrennt. Aus dem Taftband schneiden Sie zwölf gleich lange Teile, die mit Bindedraht zu doppelten Schleifen zusammengebunden werden. Bei der Anfertigung des Kranzes binden Sie die Statice dicht am Strohkranz fest.

Achten Sie darauf, daß auch der innere Rand des Kranzes bedeckt ist. Die abstehenden Stiele am Ende müssen vorsichtig unter die zuerst aufgebundenen Blüten des Kranzes geschoben und festgebunden werden. Stecken Sie dann in gleichmäßigen Abständen die einzelnen Blüten der roten Schafgarbe ein. Aus einem überstehenden Ende des Blumendrahtes fertigen Sie einen verdeckten Aufhänger auf der Rückseite. Zum Schluß schieben Sie die angedrahteten Schleifen aus Taftband am äußeren Rand in gleichmäßigen Abständen in den Kranz und binden sie fest.

Material
dünner Strohkranz,
ø 35 cm
3 große Beutel weiße
Statice
4 Stiele mit je 3 Blüten
der rot eingefärbten
Schafgarbe
9 m rotes Taftband
mit Webkante
Bindedraht

Grüner Kranz aus Buchsbaumzweigen

Die frischen Buchsbaumzweige dieses Kranzes stammen vom jährlichen Heckenschnitt und waren unentgeltlich zu haben. Die Zweige werden in etwa 10 cm lange Abschnitte zurechtgeschnitten und dicht und fest um den Kranz gebunden. Die Zweige der letzten Lage müssen vorsichtig unter die zuerst aufgebundenen geschoben werden, damit keine Lücken entstehen. Lassen Sie auf der Rückseite des Kranzes etwa 10 cm Draht überstehen und drehen daraus einen verdeckten Aufhänger. Dieser einfache, aber dekorative Kranz ist ein zeitloser Tür- oder Wandschmuck.

Mein Tip:

Auch Thujazweige lassen sich auf diese Weise zu einem Kranz binden, der lange hält.

Material
dünner Strohkranz,
ø 35 cm
Buchsbaumzweige
Bindedraht

Kranz aus Tatrazweigen

Der kleine Kranz ist vorgefertigt. Vor einem entsprechenden Hintergrund hat er auch ohne jegliche Dekoration einen gewissen Reiz. Ob Sie ihn nun mit einigen Trockenblumen und Bändern dekorieren oder ganz zubinden, hängt vom Verwendungszweck ab. Sie können ihn auch mit silberner Sprühfarbe überziehen und mit einer dicken Silberkordel umwickeln.

Aus alt mach neu

Legen Sie alte Gestecke und Kränze nie achtlos beiseite. Kaufen Sie lieber passendes Material dazu und binden daraus einen neuen Kranz. Angedrahtete Schleifchen, Tannenzapfen in verschiedenen Größen und großblumige Strohblumen erweitern ihn auf den gewünschten Durchmesser. Binden Sie reichlich künstliches Blattwerk hinzu, und Sie erhalten auf sparsame Weise eine hübsche, vielfach verwendbare Dekoration.

Material

Hartschaumring
Strohblumen und anderes
Material aus einem alten
Gebinde
Schmuckband
Bindedraht

Schleierkraut

Schleierkraut ist vielseitig verwendbar. Ob Sie es frisch oder getrocknet an den Kranz stecken, entscheiden Sie selber. Kürzen Sie alle Stiele ein. So läßt sich das Schleierkraut besser zusammenbinden, um die schöne Fülle zu erhalten. Zu dem einheitlichen Weiß des Schleierkrauts bilden die kräftigen roten Seidenrosen in der oberen Mitte einen reizvollen Kontrast. Er wird unterstützt durch Schmuckbänder. Befestigen Sie außerdem noch angedrahtete Schleifen rundum am äußeren Rand. Sie bilden einen zauberhaften Abschluß.

Material
Hartschaumring
4 Bund Schleierkraut
Schmuckbänder in verschiedenen Farben
Bindedraht
rote Seidenrosen

Zimtstangen als Dekoration

Statice, Strohblumen, gefärbte Schafgarbe und Zimtstangen bilden das Dekor dieses außergewöhnlichen Kranzes. Binden Sie das Material in bunter Reihenfolge an dem Hartschaumring fest, je dichter, um so schöner. Verwenden Sie viel Sorgfalt beim Andrahten der Zimtstangen, da sie leicht brechen und dann nicht mehr zu gebrauchen sind. Stecken Sie sie behutsam außen am Kranz fest. So erzielen Sie eine interessante optische Wirkung. Außerdem strömt der Kranz einen recht angenehmen Duft aus.

Material
Hartschaumring
Statice
gefärbte Schafgarbe,
gelb und rot
Strohblumen
60 Zimtstangen
Blumendraht

Tageteskranz

Faszinierend ist ein Kranz aus frischen Blumen, besonders hübsch die Farbenvielfalt der hier verwendeten Tagetesblüten. Wenn Sie einen Styroporhalbkranz als Unterbau verwenden, haben Sie schon eine gewisse Fülle, Sie benötigen weniger Blüten. Kürzen Sie alle Blumen gleichmäßig ein und binden oder stecken Sie sie in einer Richtung um den Kranz fest. Schlingen Sie Kräuselband in gleichen Abständen um den Kranz und bringen die angedrahtete Schleife am unteren Teil des Kranzes an. Sollen die Blumen länger frisch bleiben, empfiehlt sich als Unterbau ein Mooskranz (S. Anleitung S. 7).

Material

Styroporhalbkranz
Tagetesblüten
Bindedraht
goldfarbenes Polyband
lachsfarbenes Kräuselband

Gewürzkranz

Bevor Sie diesen duftenden Kranz beginnen, sind einige Vorarbeiten erforderlich. Für die Nelken schneiden Sie 10 cm lange Stücke des Kupferdrahtes zurecht, über die jeweils ein 2 cm langer Abschnitt Bouillondraht geschoben wird. Drehen Sie den Draht zur Schlinge zusammen. Die Nelke wird mit einem 10 cm langen Blumendraht angedrahtet, die Bouillondrahtschlinge über die Nelke gelegt und beide Drähte fest zusammengedreht. Binden Sie immer mindestens drei dieser Nelken zusammen, denn nur in der Fülle kommen sie richtig zur Geltung. Auch die Bucheckern werden mit Drahtstielen versehen. Schieben Sie dann ein 15 cm langes Stück Kupferdraht durch eine Perle, so daß die Perle in der Mitte liegt. Legen Sie die Perle in die Buchecker und drehen die beiden überstehenden Drahtenden mit dem Drahtstiel der Buchecker zusammen. Für die Gewürzkugeln kleben Sie in das vorhandene Loch der Wattekugeln mit Holzleim jeweils einen Abschnitt Blumendraht. Nachdem der Leim getrocknet ist, überziehen Sie die ganze Wattekugel mit Holzleim und wälzen sie in einem Schälchen mit Kümmel, bis ihre Oberfläche vollständig bedeckt ist. Die Zimtstangen werden auf 5 cm Länge geschnitten, am besten mit einer gewöhnlichen Haushaltsschere. Die Ränder der Zimtstangen fransen dabei etwas aus, was natürlicher wirkt als exakt geschnittene glatte Ränder. Auf ein 20 cm langes Stück Kupferdraht schieben Sie 10 cm gekrausten Bouillondraht. Damit umwickeln Sie die Zimtstangen beliebig oft und drehen die verbleibenden Enden zu einem Stiel zusammen. Die Tannenzapfen erhalten ebenfalls einen Drahtstiel. Um die Muskatnüsse anzudrahten, schieben Sie ein Stück Blumendraht in die untere Öffnung der Nuß und leimen es mit Holzleim fest. Nach dem Trocknen des Leims kann die Nuß in den Kranz eingebunden werden.

Umwickeln Sie den Strohkranz mit breitem Floristenband. Danach können Sie abwechselnd die vorbereiteten Materialien in gleichmäßigen Abständen festbinden. Legen Sie zum Schluß das Rupfenband zu einer fülligen Schleife, binden es mit Blumendraht zusammen und befestigen es in der inneren Mitte des Kranzes, indem Sie je ein Drahtende aus dem Schleifengebinde oben und unten an der Rückseite des Kranzes festdrehen. Versehen Sie abschließend den Kranz mit einem verdeckten Aufhänger auf der Rückseite.

Material
Strohkranz
kleine Stoffrosen
Tannenzapfen
Bucheckern
weiße Perlen
3 m Rupfenband,
2 cm breit
kleine Wattekugeln
Kupferdraht
gekrauster Bouillondraht
Klebstoff (Holzleim)
Bindedraht
an Gewürzen:
Nelken
Zimtstangen
Muskatnüsse
Kümmel

24

Vom Eise befreit ...

Ostern und Vorfreude auf den kommenden Frühling zugleich versinnbildlicht dieser zauberhafte, ungewöhnlich große Kranz. Der Ginsterkranz wird von der unteren Mitte aus nach beiden Seiten dekoriert. Binden Sie erst das Gras fest. Verteilen Sie dann gleichmäßig die Textilseerosen und die großen Blätter am Kranz und befestigen alles mit Bindedraht. Dazwischen stecken Sie angedrahtete Schleifen aus dem farbverlaufenden Zierband. Drahten Sie jeweils drei verschiedenfarbige Watteeier mit Bindedraht an und befestigen sie am Kranz. Sie können die Eier mit Strohblumennadeln feststecken. Binden Sie abschließend aus dem steifen, glitzernden Zierband zwei verschieden große Schleifen und stecken sie an den Kranz.

Material

großer Ginsterkranz
grün eingefärbtes, langes Gras
2 große Seerosenblätter
5 große bunte Watteeier (Gänseeier)
5 weiße Textilseerosen
grünes, farbverlaufendes Zierband
4 Entenküken (Stofftiere)
Glitzerband
Bindedraht
Strohblumennadeln

26

Kranz aus Weidenkätzchen

Der fertig gebundene Graskranz eignet sich sehr gut als Unterbau für diesen Kranz mit Weidenkätzchen, weil er schon eine gewisse Fülle hat und beim Binden etwas nachgibt. Die Weidenzweige müssen beim Binden sehr vorsichtig behandelt werden, denn die samtenen Kätzchen lösen sich leicht von den Zweigen. Um den Kranz haltbarer zu machen, kann man ihn gleich nach dem Binden mit preisgünstigem Haarspray rundum einsprühen. Die lila Kordel und die Schleife aus dem im Farbton darauf abgestimmten Taftband ergeben trotz ihrer Einfachheit ein besonderes Dekor. Falls während des Bindens und Dekorierens zu viele Kätzchen abspringen, können sie vorsichtig mit einer Heißklebepistole wieder befestigt werden.

Material
Graskranz
kurzstielige
Weidenkätzchen
breites lila Taftband
mittelstarke lila Kordel
Bindedraht

27

Frühlingskranz

Auf den Weidenring werden abwechselnd Blätter, Röschen, Statice und Gänseblümchen gebunden. Winden Sie einen Teil der Papierschnur locker um den fertigen Kranz. Beide Enden werden auf der Rückseite mit Blumendraht zusammengebunden. Von der Papierschnur drehen Sie einen 1 m langen Abschnitt auf und legen daraus eine doppelte Schleife. Sie wird mit einer Schlaufe aus Papierschnur eng zusammengebunden und am Kranz mit Blumendraht befestigt. Die überstehenden Drahtenden können auf der Rückseite zu einem Aufhänger zusammengedreht werden.

Material
Weidenkranz
Statice
Gänseblümchen
gelbe, hellblaue, rosa und lachsfarbene Stoffröschen
geprägte spitze Stoffblätter
hellblaue Papierschnur
Bindedraht

28

Früchtekranz

Kürzen Sie die Statice auf 10 cm ein und versehen Sie die Tannenzapfen mit Drahtstielen. Dann binden Sie abwechselnd in bunter Folge Statice, Dekofedern, Strohblumen, Früchte, Tannenzapfen und Zweige auf dem Kranz fest, bis er ringsum dicht zugebunden ist. Die Blaubeeren sollten abwechselnd im Inneren und am Außenrand zu sehen sein. Die abstehenden Stiele der letzten Lage schieben Sie vorsichtig unter die zuerst aufgebundene Statice. Das Ende des Blumendrahtes formen Sie auf der Rückseite zu einer Schlaufe als Aufhänger. Legen Sie nun das Dekoband zu einer zehnfachen Schleife, die Sie mit Blumendraht oben am Kranz festbinden. Ziehen Sie die Schleife dekorativ auseinander.

Zu diesem sehr fülligen Kranz passen auch Glaskugeln in Blau oder Dunkelrot.

Material
dünner Strohkranz, ø 35 cm
3 Beutel weiße Statice
1 Beutel gelbe Strohblumen
4 weißgefärbte Tannenzapfen
12 weinrote Dekofedern
3 Beutel grüne Broomblumen
5 m Dekoband Romana
je 6 feine Tannenzweige und Zedernzweige

angestielte künstliche Früchte:
3 Bündel Blaubeeren
6 kleine rotbackige Äpfel
6 kleine grüne Äpfel
12 kleine grüne Birnen
6 mittelgroße Birnen
12 rote Kirschen
24 Himbeeren
12 Mohnkapseln

Osterkranz

Kränze müssen nicht immer symmetrisch gestaltet sein. Dieser Osterkranz wirkt vor allem durch das seitlich plazierte Blütengebinde. Lösen Sie aus dem Naturzweigekranz einige Zweige heraus. Binden Sie das Seegras auf dem Kranz fest und arrangieren die abgenommenen Zweige darüber. An der Seite werden die Blütenzweige abwechselnd fest an den Kranz gebunden. Aus dem Band legen Sie schließlich eine große Schleife und befestigen sie in der unteren Kranzmitte.

Wer den Kranz lieber fülliger haben möchte, kann ihn zusätzlich mit bunten Eiern oder Deko-Osterhasen verzieren. Beides gibt es aus leichten Materialien (Plastik, Styropor), bereits mit Drahtstiel versehen, im Handel. Aber Vorsicht, daß der Kranz nicht überladen wirkt.

Material
Kranz aus Naturzweigen
1 Paket Seegras
blaue und gelbe Primeln
1 Bund Osterglocken
je 1 Zweig Ginster,
Narzissen, Forsythie
3 Zweige Weidenkätzchen
5 m gelbes Osterhasenband mit Drahteinlage
Bindedraht

Türkranz mit Pfingstrosen

Die Stiele der Pfingstrosen werden auf 10 cm gekürzt. Binden Sie abwechselnd Pfingstrosen mit Blütenknospen, weiße Statice und Asparaguszweige auf dem Strohkranz fest. Damit keine Lücken entstehen, schieben Sie die Enden der letzten Zweige vorsichtig unter den Anfang der zuerst aufgebundenen. Zwischen die Blüten stecken Sie in gleichmäßigen Abständen die weißen Tüllblumen.

Mein Tip:

Sie können zusätzlich aus rosa und altrosa Taftband je eine füllige Schleife anfertigen und am Kranz befestigen. Die Enden der Schleifen sollten von oben in die Kranzmitte hängen und schräg abgeschnitten werden. Wenn Sie dunkelrote Rosen und dunkelrotes Band oder weiße Rosen und gelbes Band verwenden, läßt sich dieser Kranz farblich auch anders gestalten.

Material
dünner Strohkranz,
ø 35 cm
8 Pfingstrosen
mit je einer Knospe
1 Beutel Statice
2 Beutel präparierter
Asparagus
5 weiße Tüllblumen
mit Perlenrispen
Bindedraht

Sommerfreude

Das bezaubernde Farbenspiel dieses wunderschönen Sommerkranzes kommt an einer Zimmerwand genauso gut zur Geltung wie an einer Haustür. Viele unterschiedliche Textilblumen werden zum Kranz gebunden. Die festen Blumenstiele bilden dabei einen recht kräftigen Unterbau. Sortieren Sie vorab die Farben und Formen und stimmen die Abfolge der Blumen harmonisch aufeinander ab. Binden Sie in regelmäßigen Abständen grünes Laub mit ein. Statt der üblichen Bänderverzierung schmückt ein großer Papierschmetterling diesen Kranz voller Sommerfreude.

Material

textile Blumen, z.B. Rosen in Pink, Lachs und Rot, weiße Margeriten, Kornblumen
Ginster, Vergißmeinnicht
textiles Laub, z.B. Efeu, Birke, Thuja
großer Papierschmetterling

33

Weidenkranz mit Sonnenblumen

Faszinierend sind die frischen Sonnenblumen, deren Blattgrün mit auf dem Weidenkranz eingebunden wird. Kürzen Sie die Sonnenblumen und verwenden Sie die Blätter, um die Zwischenräume auszufüllen. Wenn Sie das gelbe und blaue Geschenkband leicht eingekräuselt haben, stecken Sie es so an, daß es in die Kranzmitte aushängt.

Material

**Weidenkranz
frische Sonnenblumen
Geschenkband in Blau und
Sonnengelb
Bindedraht**

Frisch gepflückt

Der Unterbau für einen Frischblumenkranz erfordert eine gewisse Sorgfalt, um das Gebinde so lange wie möglich frisch zu halten. Nichts eignet sich dafür besser als der Moosgitterkranz, vor allem, wenn Sie das Moos vorher etwas anfeuchten. Kürzen Sie die Nelken auf etwa 10 cm. In wechselnden Farben werden sie mit den Sommergräsern in einer Richtung um den Kranz gebunden. Die füllige Tüllschleife und das gelbe Kräuselband betonen die Zartheit dieses Frischblumenkranzes.

<u>Material</u>
Moosgitterkranz
(s. Anleitung S. 7)
je ein großer Bund Nelken
in weiß und gelb und
Sommergras
2,5 m weißes Tüllband
2 m gelbes breites
Kräuselband
Bindedraht

35

Herbstgedanken

Bedecken Sie den Hartschaumring rundum mit der Baumrinde, die Sie mit Strohblumennadeln feststecken. Sie können auch normale Stecknadeln verwenden. Besprühen Sie die aufgelegte Baumrinde mit Haarspray. Dies erzeugt die benötigte Haltbarkeit. Stimmen Sie den herbstlichen Kranzschmuck farblich gut aufeinander ab. Die einzelnen Teile binden Sie dekorativ zusammen und befestigen dann das Gebinde mit den Strohblumen am Kranz. Eine füllig gebundene Rupfenschleife in Dunkelbraun verdeckt die Drahtenden der Dekoration.

Material

Hartschaumring
1 Packung Baumrinde
künstliche Früchte
(Äpfel, Pilze, Vogelbeerzweig, Pflaume)
Tannenzweig
rustikales Geschenkband
Strohblumennadeln oder
Stecknadeln

Beerenernte

In der Farbe zurückhaltend, einfach vom Material her, wirkt dieser Kranz durch seine Schlichtheit. Kürzen Sie Statice und Blaubeeren auf gleiche Länge und binden sie abwechselnd in einer Richtung am Hartschaumring fest. Drahten Sie die übrigen Beeren an und dekorieren damit die untere Mitte. Auf beiden Seiten wird zusätzlich das blaugefärbte Gras eingesteckt.

Material

Hartschaumring
Statice
Blaubeeren
Bindedraht
blau gefärbtes Gras

37

Herbstkranz mit Efeu

Dieser Kranz ist schnell gebunden und eignet sich gut als Mitbringsel oder Überraschungsgeschenk. An dem Weidenkranz binden Sie zunächst die Efeuzweige rundum fest. Es kann sehr dekorativ wirken, wenn dabei einige kleinere Zweige etwas abstehen oder aus dem Kranz herausragen. In der oberen Hälfte des Kranzes werden die Früchte festgedrahtet. Legen Sie aus dem Band eine dichte Schleife, die Sie seitlich an den Kranz binden.

(mit Hortensien)

Material
Weidenkranz
Efeuzweige
3 Himbeerbouquets
Himbeeren, Brombeeren,
Blaubeeren, Weintrauben
3 m Plisseeband Amalfi
blaugrün
Bindedraht

Weinrebenkranz

Dieser effektvolle Kranz läßt sich mühelos und ohne großen Zeitaufwand herstellen. Der matt eingefärbte Weinrebenkranz wird mit dem Plisseeband neunmal locker umwunden. Die Enden des Bandes werden auf der Rückseite mit Draht zusammengefügt. Aus dem restlichen Band schneiden Sie drei gleichgroße Teile, legen aus jedem eine doppelte Schleife und binden sie mit Draht zusammen. Die Blumenbouquets befestigen Sie zusammen mit den angedrahteten Schleifen an der oberen Rundung des Kranzes. Da der Schwerpunkt des Kranzes sich an dieser Stelle befindet, muß der Aufhänger genau in der oberen Mitte verdeckt angebracht werden.

Material
matt eingefärbter
Weinrebenkranz
10 m Plisseeband Amalfi
blaugrün
3 Blumenbouquets
Anemone blau
Bindedraht

Noch vor dem ersten Advent

Fülle erhält dieser Kranz durch die Verwendung des doppelten Drahtringes als Unterbau. Biegen Sie die Ilexstiele etwas und binden sie diese in voller Länge an den Ring. So erhält der Kranz zusätzlichen Halt. Zur Auflockerung werden in unregelmäßigen Abständen die leuchtend roten Beeren mit eingebunden. Dasselbe Rot findet sich in der Seidenschleife wieder und rundet sehr harmonisch ab.

Material

doppelter Drahtring
(s. Anleitung S. 6)
künstliche Stechpalme
(Ilex)
rote Beeren
rote Seidenschleife
Bindedraht

40

Adventskranz in Silber

Was gefällt, ist auch erlaubt, so auch ein avantgardistischer Adventskranz aus Statice, in Silber dekoriert. Sie fertigen zunächst den Kranz aus Statice mit dem Hartschaumring als Unterlage, falten ein breites Band aus dem Silberkrepp und legen es fünf Mal um das Gebinde. Dann drahten Sie die versilberten Walnüsse an und binden sie zusammen mit den versilberten Herzen fest. Die kleinen Päckchen in Silberfolie werden mit Kordel locker an den Kranz gehängt. Drei Weihnachtsglöckchen läuten die kommenden Feiertage ein. Mit Bändern und Kugeln wird die untere Mitte gestaltet.

Ein künstlicher Mistelzweig als Schmuckelement oben und eine Schleife aus Silbertresse und -netz schließen das Dekor ab. Verpacken Sie diesen Kranz nach den Feiertagen sorgfältig, vor allem drucksicher, so haben Sie jahrelang Freude daran.

Material

Hartschaumring
Statice
Bindedraht
Silberkreppapier
versilberte Walnüsse
und Holzherzen
Silberschmuckbänder
und -tressen
3 Silberglöckchen
2 Kugeln
kleine Päckchen
in Silberfolie
versilberter Mistelzweig
Silbernetz und Silberkordel

Vorweihnachtlicher Kranz

Die Wirkung dieses Kranzes beruht auf der reizvollen Mischung der unterschiedlichen grünen Zweige. Binden Sie abwechselnd die Tannen-, Thuja- und Buchsbaumzweige auf dem Strohkranz fest. Betrachten Sie das Ergebnis Ihrer Arbeit von Zeit zu Zeit, indem Sie einige Schritte zurücktreten. So lassen sich eventuelle Unregelmäßigkeiten leichter feststellen. Die letzten Zweige stecken Sie vorsichtig unter die zuerst festgebundenen. Der fertige Kranz darf keine Lücken aufweisen. Aus dem überstehenden Ende des Bindedrahtes stellen Sie auf der Rückseite des Kranzes einen verdeckten

Aufhänger her. Anschließend wird das silberne Weihnachtsband viermal um den Kranz herumgelegt. Die Bandenden werden auf der Rückseite des Kranzes mit Draht zusammengebunden. Das übrige Weih-

nachtsband schneiden Sie in vier gleichlange Stücke, die Sie zu fünffachen Schleifen zusammenlegen und festdrahten. Die Schleifen werden zwischen den einzelnen Windungen auf dem Kranz angebracht.

Material
dünner Strohkranz,
ø 35 cm
10 m silbernes
Weihnachtsband
Zweige von Tanne, Thuja
und Buchsbaum
Bindedraht

Mein Tip:

Der Kranz kann aufwendiger gestaltet werden, wenn Sie statt des hier gezeigten 3 cm breiten Silberbandes ein breiteres (z. B. 5 oder 10 cm breit) verwenden.

Weihnachtlicher Kranz

Die Tannenzweige werden auf etwa 10 cm zurechtgeschnitten und gleichmäßig am Strohkranz festgebunden. Die silbernen Blätter werden nur leicht mit der Metallic-Paste bestrichen. Nehmen Sie dazu einen weichen Lappen, tauchen diesen in die Paste und wischen damit über die Blätter. Leichtes Nachpolieren nach dem Trocknen erhöht den Glanz. Binden Sie nun immer zwölf angedrahtete Glaskugeln und fünf versilberte Blätter zu einem Bouquet zusammen. Diese Sträußchen werden dann gleichmäßig auf dem Tannenkranz verteilt. Mit lockeren Schlingen dekorieren Sie abschließend den Kranz mit Bouillondraht, wobei die Sträußchen zusätzlich kleine Schleifengebinde erhalten.

Mein Tip:

Wer einen bunten Kranz haben möchte, sollte die goldfarbenen Glaskugeln durch bunte ersetzen.

Material

Strohkranz, ø 35 cm
Tannenzweige
20 textile Blätter
Metallic-Paste silber
48 angedrahtete
goldfarbene Glaskugeln,
ø etwa 1,5 cm
goldener gekrauster
Bouillondraht
Bindedraht

43

Es weihnachtet

Der sehr effektvolle, reich verzierte Adventskranz kann Jahre überdauern, wenn Sie sich für künstliches Tannengrün entscheiden. Binden Sie es mit dem Blumendraht dicht um den Drahtring fest. Das Dekor verteilen Sie immer gruppenweise über den Kranz, halten aber die obere Mitte frei für die große Schleife aus den verschiedenen Bändern, deren Enden sehr ausdrucksstark in die Mitte des Kranzes hängen. Mit der goldenen Kette mit den Spielzeugmotiven beenden Sie das Ausschmücken dieses wunderschönen Weihnachtskranzes.

Material

Drahtring
künstliches Tannengrün
Bindedraht
künstliche
Weihnachtssterne
Fichtenzapfen
kleine Musikinstrumente
rote Glöckchen
kleine Glaskugeln
rote Säckchen an einer
Goldkordel
Metallband, Karoschleife,
Tüll in Rot
rote Schmuckbänder
grünes Dekorationsband
goldene Dekorationskette
mit Figuren

Kunterbunt

Zugegeben, für diesen kunterbunten Kranz müssen Sie schon einige Zeit aufbringen, wenn Sie die Plätzchendekoration selbst herstellen wollen. Die Freude über die gelungene Arbeit wird Sie aber bestimmt entschädigen. Für die Plätzchen eignet sich jeder feste Mürbteig. Legen Sie ihn vor der Verarbeitung mindestens eine Stunde in den Kühlschrank. Nehmen Sie inzwischen die Konturen von der Vorzeichnung (Anhang, S. 77) ab, übertragen sie auf einen mittelstarken Karton und schneiden Sie den Teig ungefähr 2 mm dick aus, legen die Kartonformen auf und schneiden exakt aus. Wenn Sie die Plätzchen bei mittlerer Hitze mehr trocknen als backen, haben Sie die Gewähr, daß sich die Form nicht verändert, weder seitlich noch in der Höhe. Die farbige Glasur (s. Foto) wird erst nach dem Erkalten aufgetragen. Mit Eischnee aus der Spritztüte ziehen Sie die weißen Linien. Viel einfacher ist es natürlich, wenn Sie fertige Plätzchen kaufen. Besorgen Sie aber möglichst bunte, ausgefallene Formen. Bevor Sie die Dekoration anbringen, umwinden Sie den Kranz einige Male mit Goldkordel. Plätzchen, Dekoverpackungen und Engelhaar werden mit Bindedraht befestigt. Zum Abschluß setzen Sie in die obere Mitte einen großen Schleifentuff aus Schmuckband und Goldkordel.

<u>Material</u>
künstlicher Tannenkranz
Plätzchen
Goldkordel
kariertes Schmuckband
Engelhaar
2 Dekoverpackungen
Bindedraht

Zeitlos

Wie vielfältig Schleierkraut zu verwenden ist, zeigt diese gelungene Zusammenstellung mit Tannenzapfen und Zierschleifen. Die Hartschaumunterlage wird reihum mit den angedrahteten Zapfen und den ebenfalls mit Draht versehenen Schleifchen bestückt. Dazwischen stecken Sie das gekürzte Schleierkraut. Führen Sie die Drahtenden tief in den Hartschaum ein, am besten kreuzweise. So verhindern Sie, daß sich einzelne Dekostücke lösen. Diese Kranzart paßt in jede Jahreszeit.

Material

Hartschaumring
Föhren- und Tannenzapfen
Bindedraht
getrocknetes Schleierkraut
Schmuckband

46

Auf der Alm

Weidenkränze verfehlen selten ihre Wirkung und sollten deshalb nie ganz von der Dekoration verdeckt werden. Dieser Kranz strahlt Frische aus, das Dekor leuchtet in kräftigen Farben und erinnert vielleicht an einen Almbesuch.

Das Dekorationsmaterial wird in zwei Teilen vorgebunden, einmal nach rechts, dann nach links. Beim Zusammenbinden der Teile wird das Gebinde in seiner ganzen Länge am Weidenkranz festgedreht. Der schöne Schleifentuff aus dem gerafften Band mit der Kuhglocke verstärkt den rustikalen Eindruck.

Material

Weidenkranz
Erikamoos
textile Blumen
(Mohnblumen, Kornblumen,
Margeriten, gelbe Pompon-
blumen, weiße Orchideen)
1 Zweig Statice
Zittergras
kariertes Schmuckband
in Rot/Weiß
und Braun/Weiß
Kuhglocke
Bindedraht

47

Mit Musik geht alles besser

So einfach dieser Kranz auch gebunden ist, seine Wirkung wird er bestimmt nicht verfehlen. Wenn die langen Efeuzweige immer versetzt zusammengebunden werden, erübrigt sich sogar ein Unterbau in Form eines Draht- oder Hartschaumringes. Dieser ist aber unerläßlich bei Verwendung von künstlichem Efeu. Dekoriert ist der Kranz mit einer großen Schleife aus dem mit Noten bedruckten Papier und einer echten Geige. Nach Gelegenheiten, diesen faszinierenden Kranz aufzuhängen, wird man bestimmt nicht lange suchen müssen.

Material
lange Efeuzweige
Bindedraht
mit Noten bedrucktes
Geschenkpapier
Geige

Zur bestandenen Jagdprüfung

Mondico-Blätter bekommen Sie in Bastelgeschäften. Sie brechen sehr leicht. Stecken Sie sie deshalb vorsichtig zusammen mit den Federn immer in einer Richtung um den Kranz fest. Diese Sorgfalt beim Arbeiten bedingt zwar einen größeren Zeitaufwand, aber das Ergebnis wird die Mühe lohnen. Der locker um den Kranz geschlungene Messingdraht ergibt einen besonderen Effekt, der durch das in verschiedenen Grüntönen leuchtende Schmuckband noch unterstrichen wird. Irisierende Dekorationsketten, auf der Rückseite des Kranzes befestigt, hängen in großen Schlaufen herunter.

Material

Hartschaumring
grüne Mondico-Blätter
grüne gesprenkelte Federn
leuchtend grünes Polyband
Messingdraht
irisierende Dekorationskette
Strohblumennadeln

49

Geheiratet wird...

Die Buchsbaumzweige sind etwa 30 cm lang. Sie werden auf 10 cm gekürzt und mit den Tüllblumenbouquets so am Strohkranz festgebunden, daß die weißen Blüten auf den grünen Zweigen liegen. Das weiße Tüllband wird zu einer recht fülligen Schleife gelegt und mit Blumendraht zusammengebunden. Binden Sie ebenfalls die Perlenstränge und das Schleierband dazu und zum Schluß ein Tüllblumenbouquet, dessen Blüten nach unten hängen. Dieses Gebinde befestigen Sie in der oberen Mitte des Kranzes so, daß die Perlenstränge in das Innere des Kranzes hängen. Für den Hochzeitskranz fertigen Sie einen verdeckten Aufhänger auf der Rückseite.

Mein Tip:

Sie können den Kranz abwandeln, indem Sie statt des weißen Tüllbandes zartblaues oder roséfarbenes verwenden.

Material

dünner Strohkranz, ø 35 cm
präparierte
Buchsbaumzweige
24 Tüllblumenbouquets
5 fünffache Perlenstränge
weißes Organdy-Schleierband
5 m weißes Tüllband,
10 cm breit
Bindedraht

50

Hochzeit

Die Kombination von Weiß und Grün gibt diesem Kranz ein festliches Aussehen. Die vielen weißen, zarten Blüten lassen sich leicht in den vorgefertigten Buchsbaumkranz stecken. Legen Sie die weiße Dekorationskette locker darüber und befestigen Sie das Hochzeitspärchen in der unteren Mitte des Kranzes. Zu seinen Füßen wird die füllige, wellig fallende Organdyschleife zusammen mit anderem weißem Geschenkband angebracht.

Material

künstlicher Buchsbaumkranz
4 Sträußchen mit zarten weißen Stoffblüten
5 Perlenrispen
weiße Dekorationskette
Holzpuppen als Brautpaar
verschiedene weiße Schmuckbänder

51

Herzlichst

Frische oder künstliche Thujenzweige, die um den Drahtring gebunden sind, bilden die Grundform für diesen außergewöhnlichen Kranz, der mit wenig Aufwand angefertigt werden kann. Zur Herstellung der Papierblüten drehen Sie die Papierschnur vorsichtig auf und schneiden quadratische Stücke ab. Diese werden an einer Seite mit runden Einschnitten in Form von Blütenblättern versehen, an der gegenüberliegenden Seite zu mehreren zusammengedreht und mit Draht umwickelt. Die Blütenblätter ziehen Sie, einer Blüte ähnlich, auseinander, schieben in jede Blüte eine Perlenrispe und verteilen sie gleichmäßig über den Kranz, wo Sie sie mit Bindedraht festbinden. Die Papierschnur eignet sich auch gut für dekorative Schleifen. Auch dazu wird die Schnur aufgedreht. Das Band, das man dabei erhält, wird zu einer Acht zusammengelegt und in der Mitte mit Draht und einem

weiteren Stück Band gebunden. Die hier gezeigte doppelte Schleife besteht aus zwei Stücken Schnur von entsprechender Länge. Wenn Sie dann noch etwas Schleierkraut zwischen die Papierblüten stecken, bringen Sie eine gewisse Heiterkeit ein, die ganz bewußt durch das Hinzufügen der Herzkette unterstrichen wird.

Material
Thujenzweige
Drahtring
Bindedraht
violette Papierschnur
Schleierkraut
Perlenrispen
Herzkette

Goldener Lorbeerkranz

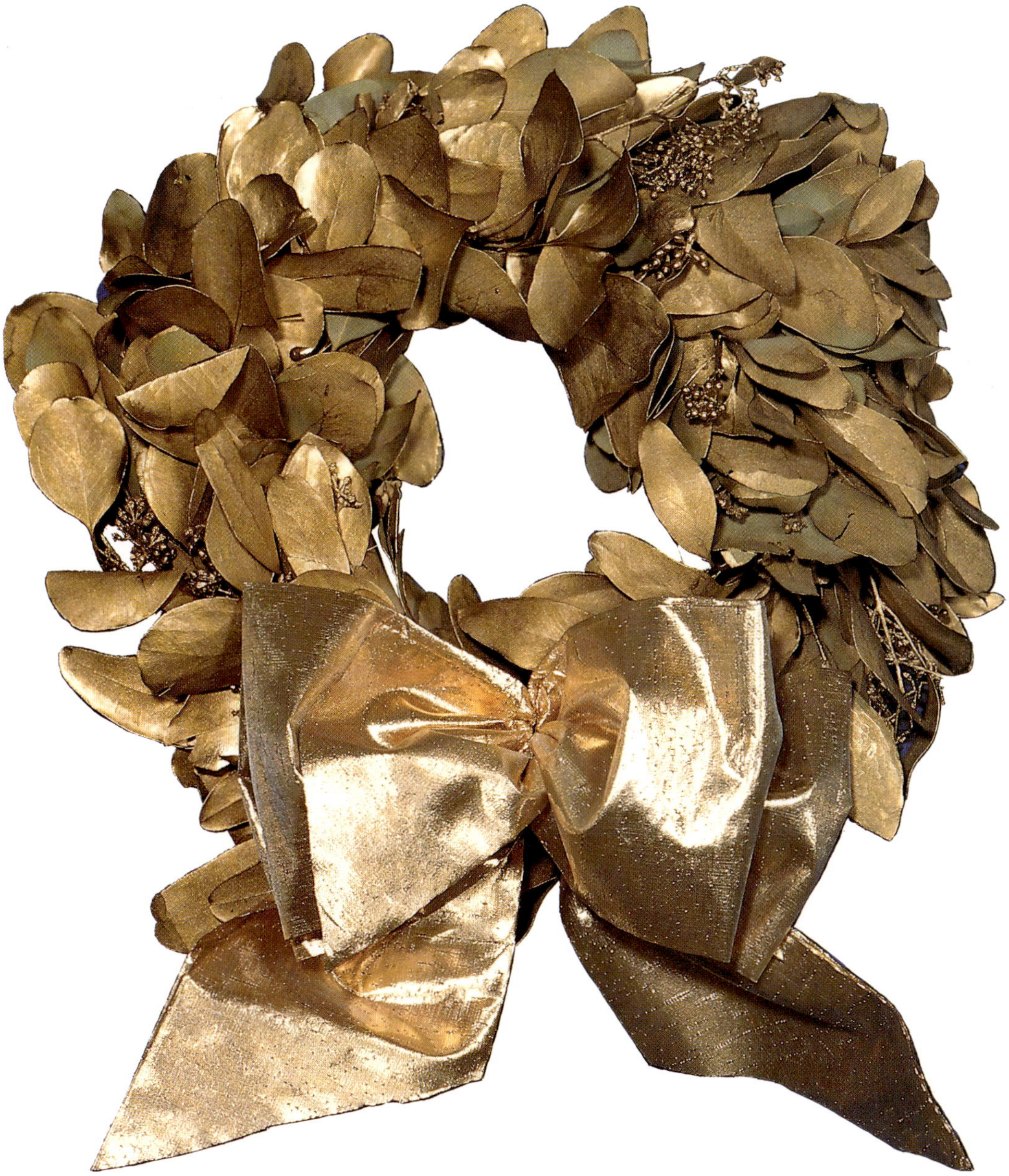

Was wäre ein Buch über Tür- und Wandkränze ohne den Lorbeerkranz! Um ihn besonders zu betonen, ist dieser Kranz vergoldet. Wer gründlich arbeiten will, vergoldet die einzelnen Lorbeerblätter vor dem Binden. Da dies aber sehr zeitraubend ist, empfehle ich Ihnen, den fertigen Kranz mit Goldfarbe zu übersprühen. Auf dem Hartschaumring lassen sich die Lorbeerblätter gut feststecken. Sehr dekorativ sieht es aus, wenn Sie einige Lorbeerblüten mit einbinden. Versetzen Sie jede Reihe etwas. Um Zwischenräume zu vermeiden, verwenden Sie nur vollständige, ganze Blätter. Verarbeiten Sie das Goldlamé zu einer stattlichen Schleife. Beide Enden abschrägen und die gebundene Schleife unten und mittig andrahten.

Material

Hartschaumring
Lorbeerblätter
Bindedraht
Goldlamé für die Schleife
Goldspray

Exotisch

Etwas fremd wirken die getrockneten Exotenblüten auf dem Thujenkranz. Dieser erste Eindruck wird jedoch gemildert durch die Weintrauben und die Rebenblätter. Drei so verschiedene Dekorationselemente, und doch ergeben sie ein attraktives Gebinde. Viele unterschiedliche Materialien lassen sich auf ähnliche Weise dekorieren, wenn sie farblich zusammenpassen.

Material
Drahtring
Thujenzweige
Bindedraht
exotische Trockenblumen
Weintrauben und
Rebenblätter
Geschenkband

54

Aus textilen Zinnien

Dieser Kranz strahlt eine besondere Harmonie aus. Vom Material her erfüllt er eine dauerhafte Dekora-tionsaufgabe, denn seine Haltbarkeit ist unbegrenzt. Kürzen Sie die Drahtstiele der Textilblumen und bin-den abwechselnd Urwald-moos, Bouillondrahtblu-men und Zinnien mit Binde-draht am Hartschaum-ring fest. Drehen Sie das schöne Blattgrün gut sicht-bar nach oben. Aus dem Seidenband fertigen Sie eine große Schleife, deren Bänder von der oberen Mit-te in den Kranz hineinhän-gen. Links und rechts set-zen Sie noch einen kleinen Schleifentuff hinzu. Für besondere Geburtstage oder Jubiläen können Sie noch die entsprechende Jahres-zahl in Silber hinzufügen.

Material
Hartschaumring
textile Zinnien
Urwaldmoos
8 Bouillondrahtblumen
Bindedraht
3 m Seidenband

55

Großer Türkranz aus Weide

Um die Schönheit des gebleichten Weidenkranzes zur Geltung zu bringen, wird nur die untere Hälfte dekoriert. Dennoch wird mit wenig hinzugefügtem Material eine große Wirkung erzielt. Im Fachhandel werden Samenblumen angeboten. Da sie nicht billig sind, kann man sich mit wenigen dekorativen Blüten begnügen. Teilen Sie das Material und binden es je einmal nach rechts und nach links fest. Den Übergang in der Mitte verdeckt die große Schleife. In rustikalem Umfeld wird der Kranz übers ganze Jahr Freude bringen.

Material

**großer gebleichter
Weidenkranz
künstliches Tannengrün
Mohnkapseln
Samenblumen
Disteln
Bindedraht
Rupfenband**

56

Landleben

Ton in Ton ist das Material für diesen Kranz abgestimmt. Fertigen Sie den Mooskranz nach Anleitung mit Urwaldmoos. Kürzen Sie die Pflaumenstiele und binden Sie diese mit dem dazugehörigen Blattgrün zusammen und am Kranz fest. Je dichter die Früchte zusammenstehen, desto harmonischer sieht es aus. Stecken Sie einige Stiele der Glixia dazwischen. An beiden Seiten je nach Geschmack noch einige herbstliche Blüten dazubinden. Die große Schleife in Rot und Grün setzt einen farblichen Akzent. Zum Schluß winden Sie eine Paillettenschnur mehrmals um den Kranz.

Material
Mooskranz aus Urwald-
moos (Anleitung S. 7)
künstliche Pflaumen
Sternblümchen (Glixia)
Schmuckbänder
rote Paillettenschnur
Bindedraht

57

Aus losen Zweigen gebunden

Dieser rustikale Kranz ziert eine antike Haustüre ebensogut wie eine moderne. Locker gebundene, blattlose Zweige stellen die Unterlage dar. Ein langer, textiler Efeuzweig umschlingt fast den gesamten Kranz. Die künstlichen Weintrauben befestigen Sie am besten so, daß sie gut nach unten hängen. Die Tannenzapfen werden in ungleichen Abständen festgesteckt. Lockern Sie das Ganze mit Schleierkraut auf. Der kräftig rote Schleifentuff hebt das stimmungsvolle Dekor besonders hervor.

Material
blattlose Zweige
drei Fichtenzapfen
Schleierkraut
künstlicher Efeuzweig
drei blaue künstliche
Weintrauben
Bindedraht
2 m rotes Seidenband

58

Allerlei

Was sich alles an einem Strohkranz dekorativ festmachen läßt, kann nicht im einzelnen aufgeführt werden. Ob Strohblumen, Mohnkapseln, Metallblüten, Textilrosen, Samenblüten, Statice, Eukalyptuszweige - eben alles, was Sie an Resten zur Verfügung haben, können Sie hier verwenden. Wenn Sie in der oberen Mitte eine große farblich passende Schleife anbringen, ist vom Strohkranz noch genug zu sehen. Das macht diesen Allerlei-Kranz so ansprechend.

Material

Strohkranz
Kunterbuntes aus der Restekiste
Blumendraht
Dekoband

Material-Mix

Die angebotene Material-
fülle animiert geradezu,
möglichst viel davon in
einen einzigen Kranz einzu-
bringen. Drahten Sie vorab
die benötigten Schleifen
an, mindestens je zehn von
jeder Farbe und von der
weißen Tüllspitze, binden
dann alles in sich wiederho-
lender Reihenfolge mit den
Federn, Gräsern und Sta-
ticen auf dem Hartschaum-
ring fest. Die obere Mitte
des Kranzes markiert der
bauschige fliederfarbene
Bändertuff.

Material

Hartschaumring
Statice
Seidenbänder in Flieder,
Rosa und Lila
lila Federn
verschiedene Gräser
weiße Tüllspitze
Bindedraht

Hellblaue Hortensien

Die getrockneten Hortensienblüten müssen sehr vorsichtig behandelt werden. Die Blüten brechen leicht ab. Binden Sie die Hortensien dicht um den Weidenring, wobei auch der innere Rand bedeckt sein muß. Beim aufgehängten Kranz soll der Unterbau an keiner Stelle sichtbar sein. Schneiden Sie das Seidenband in neun gleichlange Stücke und legen Sie daraus doppelte Schleifen, die in der Mitte mit Bindedraht zusammengedreht werden. Die Schleifen werden in gleichmäßigen Abständen vorsichtig in den Hortensienkranz eingesteckt. Aus dem überstehenden Draht einer dieser Schleifen läßt sich ein verdeckter Aufhänger fertigen.

Material
Weidenkranz
1 Paket getrocknete hellblaue Hortensien
10 m farblich abgestimmtes Seidenband
Bindedraht

Dauerhaft

Getrocknete Weiden- und Buchsbaumzweige eignen sich als Unterlage und zugleich als Dekoration. Kurze Äste stehen seitlich ab, unterstreichen die gewollte Unregelmäßigkeit. Die Orchidee kann in jede gewünschte Form gebracht werden, denn die Rückseiten ihrer Blätter sind drahtverstärkt. Drei blaue Blüten sitzen auf der linken, drei rote auf der rechten Seite. Ein getrocknetes Stück Moos bedeckt Kranzanfang und das -ende. Umwickeln Sie den Kranz abschließend mehrere Male mit dem dünnen, blattlosen Zweig.
Das scheinbar Ungeordnete dieses Kranzes ist nicht leicht darzustellen. Kränze dieser Art kommen in modernem Umfeld am besten zur Geltung.

Material

getrocknete Weiden- und Buchsbaumzweige
1 textile Orchidee
je 3 rote und blaue Textilblüten
trockenes Moos
dünner, biegsamer Zweig ohne Laub

Farbenprächtig

Das Außergewöhnliche an diesem frühlingshaften Kranz ist die ringförmige Anordnung der Blumen. Beginnen Sie im Inneren des Kreises mit dicht zusammengesteckten Glockenblumen. Darauf folgen die Immortellen, dann die gelben Primeln. Durch das Blattgrün der verschiedenen Blumen erhält der Kranz einen weiteren, wohltuenden Farbton. Der Rand aus getrockneten Gräsern läßt den Kranz optisch viel größer erscheinen. Aus den Schmuckbändern wird schließlich eine Schleife gebunden, deren Enden über den Kranz hinaus hängen.

Material

Hartschaumring
textile Glockenblumen, mittelblau
weiße Seidenimmortellen
gelbe gefüllte Seidenprimeln
Schmuckband
in verschiedenen Blautönen
getrocknete Gräser
Strohblumennadeln

63

Ton in Ton

Traumhaft schön das Farbenspiel vom hellen Lachsrot zum warmen Dunkelbraun. Binden Sie in einer Richtung immer abwechselnd Gras, Früchte und Blüten um den Hartschaumring. Im Unterschied zu vielen anderen Kränzen ist an diesem kein Blattgrün zu sehen. Auch die Schmuckbänder bleiben im Farbspektrum des Kranzes, lachs bis dunkelbraun. Sie werden als Aufhänger gebraucht und hängen in vielen Schlaufen nach unten. Die Glasperlenkette wird locker um den Kranz geschlungen.

Material
Hartschaumring
künstliche Früchte
dunkelbraun gefärbtes
Ziergras
textile Blüten
Bindedraht
Glasperlen-Dekokette
Schmuckbänder

Blau-Töne

Das hier verwendete Deko-material, die zwei Fertig-sträußchen, wird im Handel in verschiedenen Farbtönen angeboten. Wenn Sie sich für eine andere Farbe ent-scheiden, sollten Sie die große Schleife farblich dar-auf abstimmen. Kürzen Sie die einzelnen Zweige der Sträußchen nicht zu sehr ein, denn sie müssen gut festgebunden werden. Be-sondere Attraktivität ge-winnt dieser Kranz durch die Kindertrompete, die (möglichst unsichtbar) mit Draht befestigt wird.

Material

Strohkranz
2 in Blau gehaltene
Fertigsträuße
breites blaues Zierband
Kindertrompete
Bindedraht

Ringelblumenkranz

Zwischen die Weidenzweige des Unterbaus können Bergfarn und Efeuzweige eingesteckt werden. Darüber werden die Ringelblumen angeordnet und mit Blumendraht festgebunden. Auf der Rückseite wird ein verdeckter Aufhänger angebracht, oder der Kranz wird mit seiner Rückseite in einen etwas weiter vorstehenden Nagel gehängt. Durch den starken Kontrast der leuchtenden Blüten mit dem satten Grün der Zweige wird dieser Kranz zum Blickfang.

Mein Tip:

Statt der Ringelblumen können Sie auch Klatschmohn oder Pfingstrosen verwenden.

Material

Weidenkranz, ø 32 cm
24 große, leicht rötliche
Ringelblumen
dunkelgrüner Bergfarn
4 Efeuzweige
Bindedraht

66

Mooskranz mit Rosen und Efeuzweigen

Verteilen Sie das grüne Islandmoos gleichmäßig auf dem Styroporring und heften es an. In der oberen Mitte des Kranzes stecken Sie drei dunkelrote und eine hellblaue Rose fest. Dazwischen kommt Tiririca, von dem Sie einige Blätter wie zufällig abstehen lassen. Bei Tiririca handelt es sich um schmale Schilfblätter, die auch in anderen Einfärbungen im Handel sind. Heften Sie nun den Efeuzweig auf dem Moos fest und schließlich an der gegenüberliegenden Kranzseite die beiden letzten helblauen Rosen mit einigen Zweigen Tiririca. Aus Blumendraht fertigen Sie einen Aufhänger auf der Rückseite des Kranzes.

Material
Styroporflachring, ø 35 cm
1 Paket Römerhaften
3 Pakete grünes Islandmoos
1 Efeuzweig
je 3 große dunkelrote und hellblaue Textilrosen
1 Paket Urwaldmoos naturfarben
1 Beutel Tiririca hellgrün

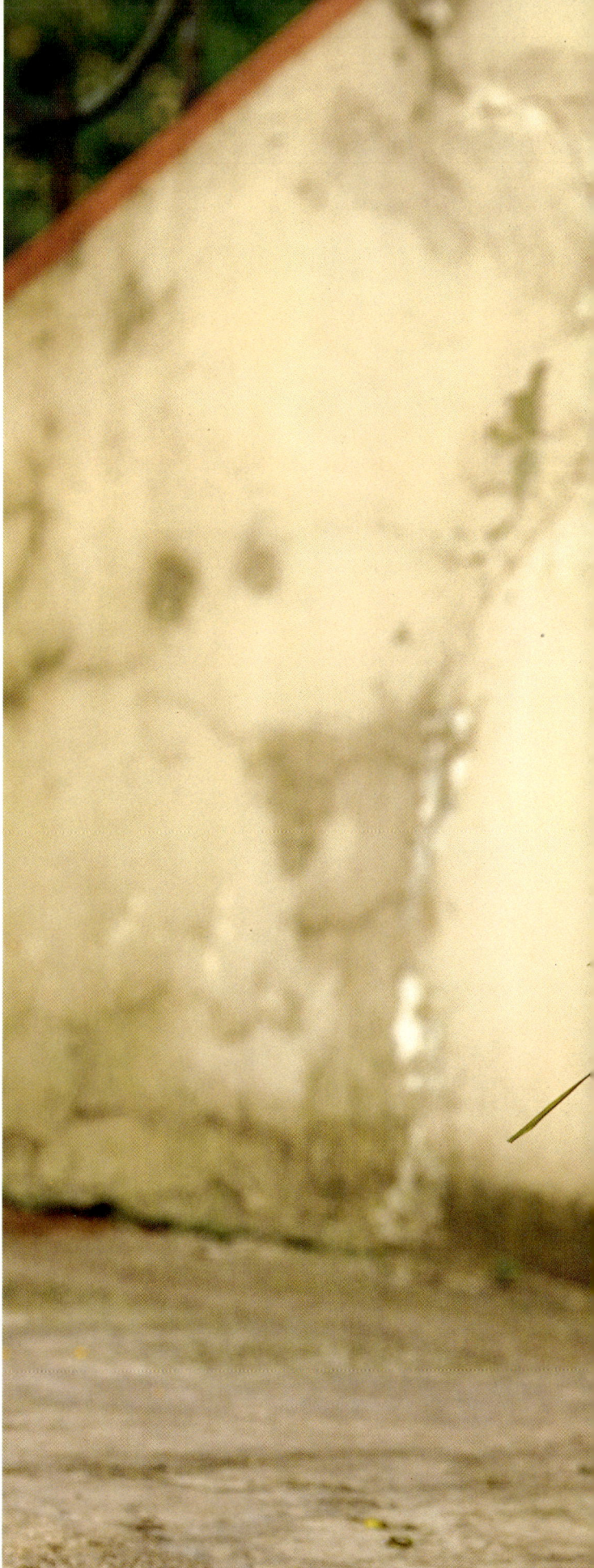

Volkstümlich

Teilen Sie den Bund Lagurus und stecken mit Strohblumennadeln einen Teil nach rechts, den anderen nach links zeigend an der unteren Mitte des Strohkranzes fest. Verdecken Sie die Halme mit der doppelten Brokatschleife. Der Rest des Bandes gibt einen dekorativen Aufhänger für den volkstümlich gehaltenen Kranz. Die Vorzeichnung für das Gansmotiv finden Sie im Anhang S. Übertragen Sie erst die Außenkonturen auf den Karton, schneiden das Motiv aus und grundieren mit weißer Farbe vor, damit der bunte Farbauftrag um so mehr zur Geltung kommt.

Malen Sie nach der Vorgabe auf dem Original vorsichtig aus. Ich habe dafür Wasserfarben verwendet (dunkelblau, hochrot, hellblau und weiß). Mit einem sehr feinen Pinsel (Nummer 000) werden alle Muster schwarz eingerahmt, um die Bemalung plastisch hervorzuheben. Das Muster des Brokatbandes sollte mit der Ausmalung des Gansmotives farblich harmonieren. Achten Sie darauf, wenn Sie sich für eine andere Farbkomposition entscheiden.

Material
Strohkranz
Hasenpfötchen (Lagurus),
naturfarben
Strohblumennadeln
2 m Brokatschleife
Karton
Wasserfarben
Goldbronze

Vogelnester

Eine besondere Rolle spielen hier die beiden Vogelnester mit den Vögeln, die oben und unten am Kranz mit langen Stecknadeln festgemacht sind. Unter das Nest in der oberen Kranzmitte werden Federn und einige Beeren geschoben. Der Hauptteil der Dekoration wird um das untere Nest befestigt. Bänder, Tüll, Federn, Glixia, Samtvergißmeinnicht umrahmen es farbenfroh und lassen die untere Rundung des Kranzes nur noch ahnen. Drahten Sie jede Schleife einzeln an, die gezeigte Fülle ist so schnell zu erreichen.

<u>Material</u>

Ginsterkranz
Strohblumennadeln
2 Vogelnester mit Vögeln
Federn, Schleifen, Tüll,
Geschenkband
Samtvergißmeinnicht rosa
grüne Sternblümchen
(Glixia)
Beeren
Bindedraht

Kommt eine Taube geflogen

Der Ginsterkranz wurde fertig gekauft. Lösen Sie einige Zweige aus der Rückseite, führen die senkrechten abwechselnd über die waagerechten und unter ihnen hindurch und stecken die Enden wieder im Kranz fest. Von der unteren Mitte werden die weißen Seidenblumen erst rechts, dann links festgesteckt. Wenn Sie zum Schluß die weiße Taube so anbringen, als wolle sie in diesem Moment abfliegen, ist dieser Kranz bestens gelungen.

Material

Ginsterkranz
Seidenblumen mit viel
Blattgrün
Taube

Art deco - Weihnacht

Umwickeln Sie den Styroporhalbkranz mit dem Wiener Brokatband, halten aber das untere Drittel des Kranzes frei für das Urwaldmoos. Mit Strohblumennadeln läßt es sich gut feststecken. Kleben Sie viele goldene Sternchen auf das Moos. Aus dem grünen und goldenen Zierband binden Sie eine Schleife, drahten sie an und befestigen sie in der unteren Mitte zusammen mit der farblich abgestimmten Kerze.

Material

Styroporhalbkranz
5 m Wiener Brokatband
2 Packungen rotbraunes Urwaldmoos
Strohblumennadeln
aufklebbare goldene Sternchen
grünes und goldenes Schmuckband
Kerze

73

Vergoldeter Binsenkranz

Der gezeigte Binsenkranz wird schon vergoldet im Fachhandel angeboten. Dieser dekorative Kranz ist schnell fertiggestellt. Binden Sie das Schleifenband viermal um den Kranz. Die beiden Enden werden auf der Rückseite mit Blumendraht befestigen. Aus dem übrigen Schleifenband legen Sie eine füllige Schleife, die Sie mit Blu-mendraht zusammenbinden und am Kranz so befesti-gen, daß zwei Bandenden abstehen. Diese schneiden Sie schräg nach unten ab. Quasten und Pompons wer-den ebenfalls festgedrahtet und in der Mitte der Schlei-fe plaziert. Da dieses Gebinde relativ schwer ist, müssen Sie die Drahtenden auf der Rückseite des Kranzes sorgfältig zusam-mendrehen.

Mein Tip:

Anstelle der roten Schleifen können Sie auch blaues Schleifenband verwenden.

Material
vergoldeter Binsenkranz, ø 30 cm
8 m dunkelrotes, gold-gemustertes Schleifen-band mit Drahteinlage an beiden Rändern
3 große Goldquasten, etwa 10 cm lang
3 mittelgroße Gold-quasten, etwa 8 cm lang
8 doppelte Pompons
Bindedraht

zu Seite 70

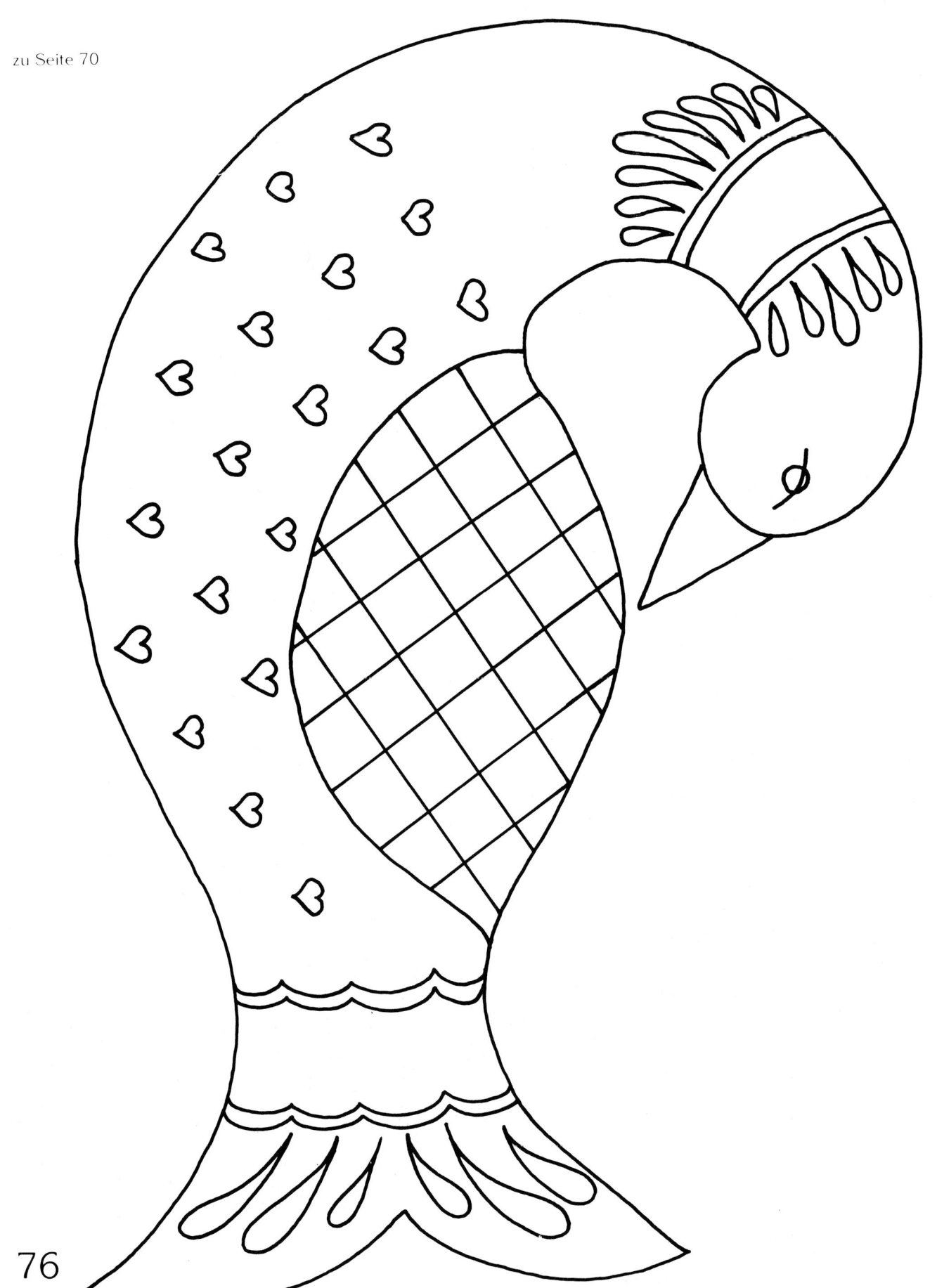

zu Seite 45

77